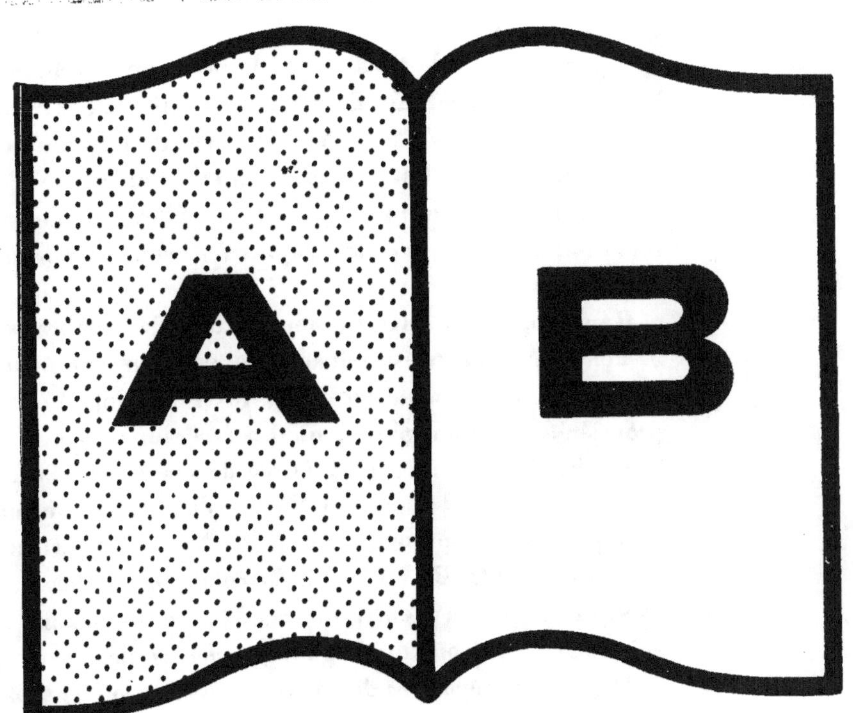

Contraste insuffisant

NF Z 43-120-14

IMPRIMERIE ET LIBRAIRIE

DU CERCLE SOCIAL,

Rue du *Théâtre - Français*, n°. 4.

Cette Maison de Commerce, la première Imprimerie libre et qui a fourni tant de défenseurs intègres à la cause populaire, et tant de martyrs à la hache de la tyrannie, aura toujours pour but la confédération universelle des amis de la vérité, jusqu'à l'extinction totale de ses fondateurs imployables, *qui même après leur mort auront des successeurs.*

République des lettres, nous sortons des tombeaux ; et l'on peut encore assassiner ; l'on peut encore « étouffer la voix de l'homme libre, lui ravir sa propriété, la propriété sacrée du génie, qu'il a *créée* lui-même, qui n'ôte rien à personne, qu'il a tirée de son cœur, comme du néant, pour l bonheur du monde ; » mais certes, non jamais, l'imprimerie du Cercle Social, ce premier monument de la liberté de la parole, *ni maîtres, ni disciples*, ne sera, entre nos mains, un instrument de servitude, d'infamie ou d'agiotages mercantiles.

Déjà nous préparions de nouveaux essais, *une création sociale*, pour assurer l'indépendance de la République des Lettres, et délivrer les amis de la vérité, du plus honteux esclavage, quand de nouveaux obstacles, à cause de la désorganisation dévorante où nous sommes, ont entravé les meilleurs desseins. Il est sans doute qu'ils se réaliseront un jour, qui, peut-être n'est pas loin. L'hypocrisie et l'ambition ne peuvent plus obtenir que les succès d'un moment.

A

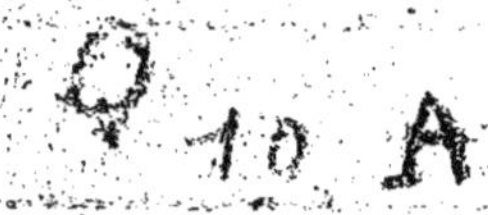

Bureau de Correspondance, chargé de toutes les com^s missions en Librairie.

Le principal objet de notre commerce en Librairie, est de procurer une circulation rapide aux Ouvrages qui nous sont confiés, tantôt pour servir d'importans desseins, déjouer de ténébreuses machinations, tantôt pour engager les auteurs à faire encore ou à mieux faire.

Quand nos législateurs, disions-nous (en 1792), s'occupant enfin d'une éducation nationale, et de répandre au-dedans et au-dehors, les principes du bonheur social et de la prospérité publique, s'efforceront de favoriser la circulation des lumières avec autant de zèle que les despotes y mettaient d'entraves, la Librairie deviendra le commerce principal et naturel de la cité libre. Nous y contribuerons encore avec constance, en multipliant, par notre zèle, et des catalogues *raisonnés*, nos correspondances toujours actives pour l'avantage des auteurs, pour mériter la confiance des bons citoyens, et pour l'aggrandissement de notre commerce.

P. S. Il seroit à désirer pour l'Ami de la Vérité qui voudroit connoître tous les replis du cœur humain, que chaque auteur donnât lui-même l'analyse de son ouvrage et qu'il publiât hautement ce qu'il en pense. Malherbe le faisoit ; c'étoit un besoin chez Corneille ; le bon Lafontaine et le pauvre J. Jacques ont dit plusieurs fois, qu'ils avoient fait un bon ouvrage, un ouvrage qui seroit cher à la postérité. J'aime assez cet orgueil, car ils ne parloient point ainsi pour obtenir des places, des emplois, ils le disoient comme une vérité utile aux hommes.

Premier Extrait du Catalogue général.

Ne pouvant fixer les prix, en assignats, pour les

(8)

Ouvrages nouveaux , ni même en numéraire pour les Ouvrages anciens , nous avons donné ,

comme indication ,

tant pour les ouvrages nouveaux que pour les anciens ouvrages , les prix de 90 , en valeur métallique ; et cela , pour faciliter nos échanges et notre commerce avec les départemens et les Libraires étrangers.

Ceux qui prendront l'édition *entière* ou un grand nombre d'articles , *Libraires* ou *Instituteurs*, auront *le port franc* et une remise considérable.

Ouvrages nouveaux.

ÉCOLES NORMALES , 6 vol. *in-8°* , 6 liv. le volume, ou bien 36 liv. les six vol. port franc par la poste.

Cet important Ouvrage, ce faisceau de lumières , ce tableau élémentaire des connoissances humaines fera époque dans les annales de la République des Lettres.

La distribution , feuille par feuille, qui fut d'abord adoptée, a *décollectionné* tout l'Ouvrage. On entrait aux Écoles par *billets* , et à chaque *billet* on donnait une livraison ; mais que de billets souvent en d'autres mains qu'en celles des éleves ! Que de collections perdues ! Il a donc fallu , en se ressaisissant d'un magasin *braisé ,* scellé , réaccorder tous ces volumes pour se procurer une cinquantaine de collections : un nombre considérable de feuilles à réimprimer et d'autres obstacles , dont on ne triomphe pas aisément quand on a quelque fierté dans l'ame , ont occasionné des retards indispensables.

Un volume nouveau des écoles qui paroîtra peu de jours après la publication de ce catalogue prouvera que si nos livraisons ont été différées , l'ouvrage n'en a pas moins été continué avec activité. On le recevra entier et broché.

Le second volume des débats offrira un grand intérêt, qui n'avait pas été promis. Plusieurs savans *étrangers*, pour nous servir des expressions communes, car il n'y a point d'*étrangers* dans la République d.s Lettres, ont demandé à être admis à parler à *leur tour* et à mettre aussi leurs opinions *aux débats* avec les auteurs des *Ecoles normales* ; mais ils n'ont promis qu'à la condition d'une réponse, et ils auront une réponse. Les premiers qui se sont présentés, s'adressent directement au professeur Sicard, et Sicard a promis solemnellement de répondre. Nous ne doutons nullement que cette lutte honorable ne tourne à-la-fois à l'avantage des contendans, et sur-tout de l'instruction publique.

(On pourra continuer d'écrire, dans toutes les langues, aux Directeurs de l'Imprimerie du Cercle Social, rue du Théâtre Français, n°. 4.

Ils se chargent, comme ils l'ont déjà fait pour la Chronique du mois et la Bouche de Fer, de traduire eux-mêmes ou de surveiller la traduction des manuscrits qui leur seront confiés.)

Les membres de la Convention réélus, ou non réélus qui n'ont reçu ni la fin du cinquième volume des Ecoles Normales, ni la fin du volume des débats, déjà livrés aux éleves, sont priés de vouloir bien les réclamer à notre Bureau.

Si l'on a retardé les livraisons du sixième volume, c'était pour éviter les fatales erreurs de la première distribution. Nous espérons que les soins qu'on a mis à l'édition de ce volume nouveau, et la beauté du papier toujours le même, le rendront infiniment précieux.

FORMULES RELIGIEUSES, publiées par Daubermesnil, membre du conseil des cinq cents, *de l'Imprimerie du Cercle Social, rue du Théâtre Français, n°. 4*, 1 vol. in-8°., prix 2 liv. port franc par la poste.

Ces *Formules religieuses*, ou Extraits d'un manuscrit intitulé : *le Culte des Adorateurs*, contiennent *des fragmens* de leurs différens livres, sur l'instruction du culte, les observances religieuses, l'instruction, les préceptes et l'adoration.

Nous citerons ici l'introduction ou préface de cet ouvrage : *È cœlo descendit.*

» LES dépositaires fidèles du culte saint que suivirent les premiers hommes qui habitèrent la terre, soulèvent aujourd'hui un coin du voile qui l'a couvert jusqu'à ce moment.

» Long-tems enveloppés sous des emblèmes bisarres, ils ont dû ne transmettre qu'à des ames bien éprouvées, le dépôt de la religion patriarchale des premiers âges du monde.

» Ils osent aujourd'hui en offrir une première connaissance à l'humanité entière, et si le succès répond à leurs desirs, ils ne se rendront pas coupables d'un silence nuisible.

» Ils donneront le volume entier qui renferme les cinq livres, celui de l'adoration contient les prières, les invocations, les chants, hymnes, cantiques, les cérémonies pour toutes les fêtes, toutes les solemnités ; pour toutes les occasions de la vie, qui ont rapport à une action religieuse.

» O vous ! qui voudrez concourir à tout le bien que peut produire la propagation de la doctrine sainte des adorateurs ;

» Vous qui voudrez participer aux connaissances pri-
mitives réservées aux initiés ;

» Vous qui voudrez favoriser la construction du premier asile qui ait été élevé sur le sol de cette région
ou connaître le culte entier , donnez - en connaissance
au lieu même où sont imprimés ces fragmens.

» Qu'elle contienne votre nom , votre demeure , vos
fonctions , et dans peu les moyens de vous réunir
religieusement vous seront donnés.

N. B. Cet Ouvrage, dont on n'a donné que des fragmens , aura une influence considérable dans l'organisa-
tion des fêtes nationales : nous invitons l'écrivain qui l'a
publié , à renoncer au mot *adorateurs*. *Nil admirari*,
suivant le précepte d'Horace : Horace était un bon juge.

LE VIEUX TRIBUN DU PEUPLE (année 1789 ,
cinquième édition , avec cette épigraphe de Mably :
> *Il se formera parmi eux des Tribuns.*

LE VIEUX TRIBUN DU PEUPLE (année 1790),
nouvelle édition , avec cette épigraphe de S. M. :
> *De la liberté sainte il fut le précurseur,*
> *Et le Tribun du peuple avant la république.*

De l'Imprimerie du Cercle Social , 2 vol. *in-8°*. , prix
3 liv. , port franc par la poste.

Vous avez sans doute oui parler du Tribun de 1789 ?
sa *bouche de fer* a jetté la terreur dans l'ame des tyrans :
il ne dira plus comme avant le 14 juillet :

» Je me suis vu seul au monde , ayant un cœur et
» point d'amis ; une ame forte , et point de patrie ; ai-
» mant la gloire , et ne trouvant autour de moi que des
» juges ineptes et frivoles ».

Mais certainement il ne reprendra la plume que lors-

qu'il pourra vous dire, comme en 1789 : —— « Je rends
» grace à la fortune, qui ne m'a point élevé si haut que
» je puisse, comme la plûpart de ses favoris, dédaigner
» le pauvre peuple, et qui ne m'a point jetté si bas que
» je ne puisse éclater contre le riche dans ma juste indi-
» gnation, et lui rendre, selon mon courage et son inso-
» lence, guerre pour guerre. »

Les feuilles du vieux Tribun, publiées avant la révolution et pendant le cours des plus grandes crises de
l'assemblée constituante, sont de véritables mémoires
pour servir à l'histoire secrète de nos tems modernes. On
y trouve des détails intéressans sur Necker, sur la politique ministérielle, sacerdotale, sur les révolutions des
5 et 6 octobre; plusieurs lettres à Louis XVI, et aussi
une lettre de Condorcet, qui n'était pas connue pour être
de lui, et qui est un chef-d'œuvre de prévoyance.

Papelard, ou le Tartuffe révolutionnaire,
en cinq actes et en vers, par Pierre *Lamontagne*, auteur
de *la Théâtromanie*, du *Café de Rouen*, de *la Physi-
cienne*, etc.

Les vers suivans feront connaître la philosophie et la
manière de l'auteur.

« Citoyens, c'en est trop, et cela me désole,
» De voir comme aisément on se fait une idole.
» On a beau vous duper : semblables au poisson,
» Vous revenez toujours pour mordre à l'hameçon :
» D'un charlatan qui tombe, un autre prend la place;
» Moi je ne peux souffrir le masque et la grimace.
» Je crois que Papelard est un homme de bien;
» Mais attendons encor pour le connaître bien. »

De l'Imprimerie du Cercle Social, prix 1 liv. 5 sols
port franc par la poste.

Les Soirées du Père de Famille, avec cette épigraphe :

*Ne rebutez pas ceux qui pensent; il y a souvent
à profiter dans les projets les plus chimériques.*
Mahmoud à ses ministres.

A Paris, de l'imprimerie du Cercle Social, rue du Théâtre Français, n°. 4, 1 vol. *in 8°.*, beau papier, prix 3 liv., port franc, par la poste.

L'introduction de cet ouvrage suffira pour indiquer l'objet de l'auteur, qui veut garder l'anonyme, mais qu'un style clair, vif et précis, décèle comme un écrivain d'un vrai talent.

» Enfin, la République française est organisée; sa constitution commence à marcher, à l'aide de ces cinq Directeurs exécutifs. . . . .

. . . .

» Malgré tout cet appareil, il y a encore des mécontens. Du luxe, et point de mœurs : de l'agiotage, et point d'aisance : ce n'est pas-là de quoi répondre aux reproches amers des exagérateurs, aux murmures étouffés des empiristes, et aux justes espérances des vieux amis de la liberté. — On suppose donc ici un père de famille, qui, aimé de ses enfans, a la douleur de les voir divisés entr'eux d'opinions politiques. Les uns tiennent fortement à la pure démocratie. Les autres regrettent les hochets du monarchisme. Chaque soir, devant ses foyers et à sa table, le bon père de famille est le triste témoin des assauts violens que ses fils se donnent. L'ordre et la paix sont les passions du sage vieillard. C'est pour tâcher d'atteindre ce double but qu'il a rédigé les réflexions de *Morale publique* qu'on va lire. Il les a distribuées par petits paragraphes;

graphes, afin de les proposer successivement à ses enfans dont il craindrait de tyranniser la jeune pensée. Il ne veut qu'être leur arbitre. Pour les amener avec plus de certitude à un accomodement, il puise tous ses motifs dans son cœur, et va quelquefois jusqu'à donner la préférence aux devoirs domestiques sur les vertus civiques. C'est de son âge. On a cru que cette espèce de *système*, de *paradoxe politique* et *moral* tempérerait la fougue des différens partis qui déchirent encore, sous le voile, le sein de la Patrie.

» Une lecture bien digérée de cet ouvrage pourra faire ouvrir les yeux à bien du monde.

» *P. S.* A l'instant même où je commençais à publier ces délassemens, offerts à un bon père de famille, un règne atroce commençait : le titre que j'y avais mis avait alarmé. Il fallut supprimer un ouvrage qui mettait en péril distributeurs et acheteurs. Mais aujourd'hui qu'il m'est bien doux de croire à la liberté de penser, j'ai repris mon ouvrage, et après l'avoir remis sur le métier, et en avoir supprimé un titre qui pourrait encore alarmer, je le livre aux méditations des amis de l'humanité qui s'occupent de l'instruction publique.

LES POÉSIES de Nicolas Bonneville, beau papier et belle édition, 1 vol. *in-8°.*, prix 4 liv., port franc par la poste.

Des événemens dignes de ces derniers règnes, si féconds en atrocités, avaient retardé la publication de cet Ouvrage.

Ne pouvant corrompre les amis de la vérité, on les a d'abord enlacés de reptiles, de chenilles, de couleuvres, ou les a assassinés. ⸺ Que de pertes irréparables, et

quels détails douloureux qu'on ne devine point , qu'on
ne soupçonne point , qu'on n'ose pas même croire après
en avoir été la victime !

Ils voulaient enlever (que d'attentats divers)
La couleur, la parole et l'ame à l'univers !

Ouvrages sous presse.

EXPOSITION DU SYSTÊME DU MONDE , par Pierre-
Simon Laplace, membre de l'Institut national et du
Bureau des Longitudes , 2 vol. *in-8°.* , belle impression
et beau papier , 12 liv. , port franc , par la poste. .

De toutes les sciences naturelles , l'astronomie est celle
qui présente la plus longue suite de découvertes. Il y a
extrêmement loin de la première vue du ciel , à la vue
générale par laquelle on embrasse aujourd'hui les états
passés et futurs du système du monde. Pour y parvenir ,
il a fallu observer les astres pendant un grand nombre
de siècles ; reconnaître dans leurs apparences , les mouvemens réels de la terre , s'élever aux lois des mouvemens planétaires , et de ces lois , au principe de la pe-
santeur universelle ; redescendre enfin de ce principe , à
l'explication complette de tous les phénomènes célestes
jusques dans leurs moindres détails. Voilà ce que l'esprit
humain a fait dans l'astronomie. L'exposition de ces découvertes , et de la manière la plus simple dont elles ont
pu naître les unes des autres , a le double avantage
d'offrir un grand ensemble de vérités importantes , et la
méthode qu'il faut suivre dans la recherche des lois de la
nature.

L'Allemagne , sans doute , n'eut pas tort de vanter
son Euler , nous autres nous avons Lagrange et Laplace.
Jamais un plus vaste sujet ne fut traité à-la-fois pour

les élèves et pour leurs maîtres , avec plus de clarté , de méthode et de précision. C'est encore là un de ces beaux Ouvrages, qui feront époque dans l'histoire de l'esprit humain.

L'Exposition du Système du Monde paraîtra le 25 germinal.

La Philosophie de M. Nicolas , par N. Rétif de la Bretonne , 2 vol. in-12 , prix 7 liv. port franc par là poste.

Cet Ouvrage a coûté , à son auteur, de longues études, des recherches profondes, et paraît digne de la réputation d'un homme de génie, qui a recueilli toutes ses forces pour un travail utile à toutes les nations. Nous en connaissons encore une trop faible partie , pour en offrir un tableau précis. On sera bientôt à portée de le juger soi-même tout entier.

On lit à la tête du premier volume de cet Ouvrage, un avis de l'auteur, que nous citerons.

« Le règne des chimères est passé ; les vraies sources
» de la liberté , ce sont les lumières ; les vraies sources
» de la vertu , de la pureté des mœurs, ce sont les lu-
» mières. Si les Romains avaient été solidement et géné-
» ralement éclairés , ils tiendraient encore l'empire du
» monde. Si les Grecs eussent été généralement instruits,
» jamais Philippe, Alexandre , et les successeurs de
» ce dernier, ne les eussent asservis. Si nos pères eussent
» eu généralement notre instruction actuelle , le clergé
» de Jesuah n'aurait pas de biens à vendre, il ne serait
» pas furieux aujourd'hui, et nous serions tranquilles.

» Mais il faut avouer que si nous avons prévu le règne
» de la vérité , nous ne l'attendions pas sitôt. Aussi ,
» en 1785 , quand je commençai à recueillir mes idées

» pour composer le nouvel Ouvrage que je donne ici, je
» ne crus pas le pouvoir publier de mon vivant. Les
» circonstances ont changé ; je sens aujourd'hui qu'il est
» nécessaire de venir au secours de mon pays et de ma
» nation, en portant le dernier coup au fanatisme, à la
» superstition de tous les lieux et de tous les tems. On
» ne peut le faire qu'en traçant le véritable Système du
» Monde et de la Nature, non pas comme *Mira-*
» *beau*, dans son Système profondément et logiquement
» absurde, ...
» mais en suivant la dictée de la nature. Je me
» serais, je l'avoue, défié de la hardiesse de mes idées,
» si, d'après les expériences de l'infortuné Lavoisier,
» recueillies par Lammettrie, je ne m'étais convaincu
» que ma base était vraie, et mes conséquences natu-
» relles. »

Voilà certainement de hautes promesses : Rétif, un grand peintre du cœur humain, est digne de les remplir. Cet ouvrage paraîtra incessamment.

Histoire des Jacobins, 3 vol. in-8°., beau papier, 18 liv. port franc par la poste.

Le philosophe, le législateur, tous les amis du bonheur des hommes, verront avec intérêt, dans cet Ouvrage, origine, l'accroissement et la ruine de cette association fameuse, qui a péri au moment où elle pesait avec orgueil sur un grand empire. Les ressorts secrets des événemens, les machinations du crime, les efforts de la vertu, la tendance générale des esprits vers un système nouveau de civilisation, l'inquiétude, la déraison, le tâtonnement, les résultats informes de tant de passions et d'intérêts divers, tel est le spectacle que présente l'histoire d'une Société dont le souvenir traversera les siècles pour instruire les conducteurs des Empires.

L'histoire des Jacobins paraîtra le . . . .

Portraits des personnages célèbres de la révolution,
avec un tableau historique et notices, par Quesnard,
ancien représentant de la commune de Paris en 1789
et 1790.

Discite justitiam moniti. . . . . .

A Paris, chez F. Bonneville, 2 vol. *in-4°.* port franc
par la poste, 36 liv. chaque velume.

On y trouvera les costumes des autorités constituées,
avec le portrait du président actuel du directoire, gravé
à l'eau forte et dessiné par le fameux Bertaux.

Le volume contiendra une notice sur les hommes dont
on donnera le portrait. Les 2 vol. auront 100 planches.

Le 1er vol. de cet ouvrage paroîtra le 15 floréal.

Livres de fonds.

ATHANASE AUGER, (œuvres complettes.)
Contenant :

LA CONSTITUTION DES ROMAINS *sous les rois et au*
tems de la république, suivie de tous les discours de Cicéron,
avec les portraits d'Auger et de Cicéron, 10 vol.
prix, 50 liv., port franc, par la poste.

L'utilité de cet ouvrage classique est reconnue. Il est
indispensable au philosophe, à l'historien, à tous les
citoyens qui s'oocupent de l'art si difficile de proposer
des loix. Montesquieu est fort inexact dans ce qu'il a
dit sur les Romains : ici tout est vrai et dépouillé des
alliages systématiques. Vingt années de recherches et
d'obstacles, que ce genre de travail a rendu indispensables, ont épuisé la santé de cet ami des hommes,
difficile à remplacer. Il a été moissonné avant le tems.

BULLETIN DES AMIS DE LA VÉRITÉ , par Gensonné ; Vergniaud , Bonneville , Mercier , etc. , depuis le 1er janvier 1793 , jusqu'au 1er mai ; 1 vol. in-folio. Prix , 24 liv. , port franc , par la poste.

Cet ouvrage , extrêmement rare , est très-utile à l'histoire des événemens qui ont préparé le 10 mars et le 31 mai ; car on n'y a point capitulé avec le crime , avec l'orgueil , avec la tyrannie. On lisait dans une dernière livraison.

« Vous n'avez eu que des bourreaux , des plaidoyers , » des tyrans et des victimes , et de nos jours , la conven- » tion de la première république en espérance , se trouve » encore , pour dire toute la vérité , dans la poche de » Santerre , qui peut à volonté éluder les décrets du » sénat , et qui souvent , avec d'excellentes intentions , » se fait *proclamateur* , délibérant , *législateur* , c'est- » à-dire , *conseil* et *exécution* , ce qui est le comble de » l'absurdité ; il y a honte et danger dans une organisa- » tion aussi vicieuse. O république ! où sont tes répu- » blicains ?

» Si j'avais à vous parler des dangers évidens dont » menaçent la liberté ces sociétés prétendues populaires , » qui ne sont au fond que l'aristocratie des riches , qui » donnent au peuple de plates comédies , de sanglantes » tragédies , vous seriez glacés d'épouvante ; mais ren- » dons justice à de bonnes intentions , de citoyens égarés » par l'intrigue et le parlage ; que cette institution vous » force enfin à reconnaître un véritable pouvoir , auquel » on ne pensait pas , espèce de pouvoir *idéal* dans ses » formes fugitives , mais toujours supérieur aux *pouvoirs* » *constitués*.

» L'histoire n'offre point d'exemple que celui qui s'est

» emparé à tort ou à travers de ce pouvoir d'*opinion*,
» n'ait renversé, quand il a osé l'entreprendre un pou-
» voir *constitué*. Je pourrais citer Marat, on ne peut rien
» citer de plus vil, et cette citation prouve que l'*idéal*
» est *réel*.

On y lisait encore : » La convention s'est à peine
» apperçue que ces habitués sortant d'avoir applaudi au
» club de Robespierre, *les plus insidieuses* dénoncia-
» tions, toutes sans preuves, devaient naturellement
» entendre les *éternellement* dénoncés avec une éternelle
» défaveur... .... Toutes les places sont courues par les
» dénonciateurs, toutes les calomnies partent des applau-
» disseurs de Robespierre, contre ceux qui le méprisent...
» Et toujours l'intrigue commence et se mêle, et s'a-
» chève, et se reprend par ce petit *parolier*, aussi cruel
» qu'il est lâche. «

Un écrivain généreux, à la nouvelle de la suspension
forcée de ce bulletin, s'écria : » Malheur à vous, si pou-
» vant secourir les écrivains patriotes, vous les abandon-
» nez dans ces momens d'orages, qui finiront aussi par
» vous entraîner. « On feignit, ô lâcheté! de ne l'entendre pas : quel exemple pour la postérité ! Une grande
nation qui permit à des monstres de tremper leurs mains
parricides dans le sang innocent, a été sévèrement punie.

CHOIX DE MÉMOIRES SUR DIVERS OBJETS D'HIS-
TOIRE NATURELLE, par Lamarck, Olivier, Brugnière,
Manuel, professeur d'histoire naturelle, Hauy, l'un
des professeurs des Ecoles normales, et Pelletier ;
2 vol. *in-8°.*, avec un grand nombre de magnifiques
gravures, prix 3o liv.

L'édition *in-4°.*, 5o liv.

Cet ouvrage, si nécessaire à l'instruction publique,

et traité avec tant de soin par des hommes d'un talent vrai , sera incessamment repris.

La Chronique du mois , ou les Cahiers patriotiques des Amis de la vérité , avec les portraits de Condorcet , Clavière , Fauchet , Thomas Payne , Horne-Tooke , Auger, Brissot, Danton , Ankastrom , Roland , Kersaint , Mercier, Custines , Cérutti, Pelletier , Dumourier , Beauharnois , Gensonné , Kellermann , premières épreuves , 4 vol. in-8°., prix 45 liv. port franc par la poste.

Le Tribun de 1789 appella , d'un côté , les citoyens aux armes , et de l'autre , toute la République des Lettres aux secours d'un grand peuple qui voulait se donner les meilleures lois. Forcé de quitter la plume , sa *bouche de fer* appella bientôt au Cirque national tous les amis de la vérité , pour y discuter ensemble le pacte d'alliance entre les nations libres. On y a vu , quel nouveau spectacle ! dix mille citoyens d'élite , interrogés tous ensemble.

Première question. Desirez-vous que tous les peuples soient aussi libres que vous l'êtes ?

Oui !

Deuxième question. Croyez-vous qu'il soit indispensable qu'un peuple libre soit toujours armé , afin de pouvoir toujours dire à ses chefs , quels qu'ils soient , ce que l'Eternel a dit à l'océan : Voilà tes bornes ?

Oui !

Troisième question. Voulez-vous être la cité libre , la ville de vérité , qui reconnaîtra la première et la souveraineté des nations et la fraternité universelle ?

Oui !

Une volonté ferme , de sept à huit mille hommes armés ,

s'élança

s'élança comme un coup de tonnerre, pour éclairer les nations esclaves : ce n'étaient pas seulement des cris, car les pieds, les mains, les armes, les regards, la sainte image de Rousseau, tout parlait dans le temple de la vérité.

On y parla aussi de république, de la véritable république, qui ne tolère ni les brigandages ni les assassinats. Les ennemis du bien public, sous le manteau si large de l'hypocrisie, voulurent faire servir une belle institution à leurs desseins perfides : ne pouvant y réussir qu'en excitant des troubles intestins, on sut les éviter par une retraite honorable.

Toujours inconnus jusqu'alors, le besoin de rallier un grand nombre d'amis de la vérité, engagea des écrivains célèbres à former entr'eux une phalange républicaine : alors parut *la Chronique du mois*; elle attira les regards de l'étranger, elle fut traduite en Allemagne ; on y commença, pour avoir l'air de répondre, mais en effet pour encenser l'Empereur, *les Annales viennoises*; mais bientôt il répondit lui-même *en Empereur* : un *rescript* de sa majesté ordonna *à ses sujets* de ne point lire *la Chronique du mois* ; (In monat august und september 1792, Wien verboten). Et pour être sûr d'être obéi, il en défendit l'entrée dans ses Etats. (Vid. Allgemeine literaturzeitung april ,1793 , N°. 41) Les amis de la vérité continuèrent avec le même zèle : c'était le délassement de leurs travaux si importans, comme ministres et législateurs.

O rois ! ô agens des rois !

Condorcet, Clavière, Brissot, Guadet, Roland, Gensonné, Vergniaud et Kersaint ne sont plus ; Athanase Auger a succombé, victime de ses nombreux travaux ; Oswald a péri dans la Vendée, les armes à la main, pour

C

servir la patrie des hommes libres ; Mercier, Dussaulx,
Bidermann et Thomas Payne *sortent des tombeaux*,

(*Se quoque martyribus permixtum agnovit,*)

et peut-être bientôt, *mais que d'obstacles encore à
vaincre*, ils reprendront la plume avec de nouveaux
amis : Daunou , le sage Daunou , etc.

Il s'en présentera, gardez-vous d'en douter.

Et ce ne sera point pour venger tant d'outrages faits à
l'humanité sur des citoyens détrompés. Non, non ; la seule
manière d'honorer les hommes vertueux qu'un peuple égaré
assassine dans son délire, est de défendre avec courage les
infortunés qui vivent et qu'on opprime.

Ce qui rend cette collection infiniment précieuse, c'est
un tableau historique et analytique des travaux de l'assemblée législative ; on pourrait assurer que les amis de
la vérité ne le trouveront encore que là. Ce tableau est
ainsi terminé :

    » Séance du soir , 2 septembre.

    » *Ici finissent les travaux de la deuxième législature.*

    » La plume d'un homme libre ne peut écrire que la
» vérité : ce fut au 2 septembre , sur les deux heures ,
» que la première législature termina ses travaux ; il est
» bien vrai qu'elle siégea encore quelques jours. Elle se
» leva, et on la fit asseoir , comme on osa le lui prescrire.
    » Libre, eut-elle souffert sans réclamations , avec im-
» punité , que l'adresse du 3 septembre , qu'on va lire,
» eût été répandue , avec profusion , dans les départe-
» mens , dans les sociétés populaires , et sous le contre-
» seing du ministre de la justice , dont il était défendu ,
» sous peine de mort , d'entraver *directement* ou *indi-*
» *rectement* les opérations.

» Lisez donc cette adresse du 3 septembre à tous les
» citoyens de l'empire, pour *diriger* leurs mouvemens. »

(Elle se trouve aujourd'hui par-tout, mais elle fut in-
sérée, pour la première fois, dans la Chronique du mois.)

« Atrocité inouie, dont Néron et Caligula n'ont pas donné
» d'exemple ! Qui vengera les représentans d'un grand
» peuple, d'un peuple tout-puissant, dégradés, avilis,
» et souillés du sang innocent répandu à grands flots.
» Non, si tant d'attentats restaient impunis, la conven-
» tion nationale, le plus auguste sénat qui fut jamais,
» en deviendrait complice, et sans doute la victime. Et
» cette convention, dépositaire des destinées du genre
» humain, aurait beau se vanter d'être libre, je fuirais
» loin d'elle, pour cacher dans quelque retraite obscure
» le *testament sacré* d'un libérateur des nations ; et j'écri-
» rais de cette plume *éternelle*, que l'or n'émoussa jamais,
» et que n'ont pu *tailler* les poignards : *Elle est esclave,*
  » *Elle est esclave.*

« Mon silence, le silence d'un ami de la vérité fera son
» opprobre, et dira à tous les bons citoyens alarmés :
» Jettez aussi un crêpe sur la face de la justice, et an-
» noncez son deuil au monde. »

Nous avons retrouvé, à notre retour dans nos magasins,
un très-grand nombre de livraisons, *juillet* et *août,*
portant encore les adresses écrites ; ce sont les dernières
livraisons qui n'auront pas été entièrement fournies ; nous
les avons fait classer par ordre alphabétique ; ceux qui
n'ont rien reçu, et dont le nom est certainement inscrit
sur l'adresse, pourront réclamer ces deux livraisons, qui
leur seront délivrées gratuitement au bureau, comme une
chose qui leur est due.

On y trouve deux portraits fort soignés, une imitation

libre du Brutus de Shakespeare , et les derniers cris du
Poëte contre les assassins de sa patrie. En voici quelques
traits épars.

Que tous les assassins périssent !
Prisons, où trop souvent gémissent
L'innocence et le crime ensemble confondus ,
A de lâches brigands , d'autres brigands vendus
Ont , sous les yeux d'une mère éplorée ,
Fait égorger l'époux et le frère , et la sœur
Après l'avoir deshonorée.
Et le pâle assassin trouve un applaudisseur ,
Qui souriait couvert du sang de ses victimes !
C'était pour s'enrichir de ces assassinats ,
Que des hommes-de-proie , atroces magistrats ,
Dans un antre encavés , ont ordonné ces crimes
A des hommes que , l'or n'eût jamais pu tenter !
Est-il un crime encor qu'ils puissent inventer ,
Ces tigres , les auteurs des ordres sanguinaires !
Les fers et la prison des plus grands criminels
Était plus sacrés chez vos pères
Que les tombeaux et les autels.
. . . .
. . . .
Fuyez tous , évitez leur rage meurtrière.
C'est encor Marius !
C'est un autre Sylla !
L'enfer n'est plus l'enfer , tous les démons sont là.
. . . .
Voulant à leurs forfaits égaler leur supplice ,
Mes fidèles pinceaux les ont peints ce qu'ils sont.
Septembre et ses poignards sont empreints sur leur front ,
C'est-là mon dernier coup , le coup de la justice.

Je ne distingue plus ces cadavres sanglans

Égorgés par le crime , ils sont tous innocens.

Le repentir est peint sur tes lèvres mourantes ,
Victime , lève-toi , je pardonne à ce prix.
Va chercher la Justice aux enfers. Obéis.

Son flambeau se rallume aux torches dévorantes
Qu'agitent ces démons effrayés , et surpris.

Que la justice , ô l'horrible journée ,
S'échappe des enfers , par Septembre enchaînée !
Et que des ossemens que le crime a flétris
De son glaive brisé rassemblent les débris !

Terre , ne dites plus , quand le faible succombe ,
Le Poëte l'oublie et le perd dans la tombe.

. . . .

Il a dit : Levez-vous , lambeaux de chair meurtris
Devant ces crimes impunis.
Mais laissons là, ô mes amis, ces horribles souvenirs.
Septembre , dont l'horreur t'assiége ,
Est le crime des rois que nous avons vaincus.

Collection de la FEUILLE VILLAGEOISE , par Grouvelle et Ginguené ; les trois années républicaines , 3o liv. , port franc , par la poste.

Une livraison à fournir manque à la collection de cet ouvrage, qui a rendu à la révolution de mémorables services. Les proscriptions l'ont aussi interrrompu ; nous ignorons encore si l'auteur, aujourd'hui directeur général de l'instruction publique, pourra continuer la *Feuille Villageoise*, mais il a promis de livrer sous peu de jours les morceaux qui termineront l'année.

DE L'ESPRIT DES RELIGIONS , ouvrage promis et nécessaire à la confédération universelle des amis de la vérité , avec cette épigraphe : *Francs et fières , il s'agit de la liberté* ; 2 vol. *in-8°.*, nouvelle édition, 7 liv. ; papier vélin, 16 liv., port franc, par la poste.

Les desseins de cet ouvrage, annoncé avant la révolution, embrassent tous les siècles, tous les empires et tous les hommes.

Si l'on juge de la force créatrice d'un ouvrage et de son influence dans la postérité par les effets qu'il a produits sur son siècle et sur des contemporains, auxquels il s'efforçoit en quelque sorte d'échapper, elle sera grande. Quelques hommes qui ne veulent pas voir, qui affectent de ne pas voir, ou qui ne peuvent pas voir, ont pu dire qu'ils n'entendaient point tout cet ouvrage, ce qui ne pouvait surprendre l'auteur ; mais les opinions d'Auger, de Milscent, et pour citer une femme célèbre, Mᵉ de Staël, sont assez précises : *Vel duo, vel nemo.* Oui, certes, il a été entendu.

ATHANASE-AUGER. (*Octobre, 1791.*) L'auteur de *l'Esprit des Religions*, a découvert le principe d'un perfectionnement social, naturel, *successif*, presque insensible, et il a donné dans son ouvrage la solution d'un problème qui n'avait pas même été imaginé.

MILSCENT-CRÉOLE. (1792) Cet ouvrage original, écrit dans ce syle pur, naïf des anciennes écritures des premiers âges, force à penser et à penser profondément, et à s'y intéresser d'une manière vive et réjouissante, on n'en peut commencer la lecture sans s'y fixer, on ne la quitte qu'à regret ; et tel qu'un amant qui a le souvenir de sa maitresse chérie dans sa pensée, quand il en est séparé, on promène son inquiétude jusqu'à ce qu'on ait repris son livre de vérité. Ce doux sentiment, qui est celui de la véritable amitié, et qui renaîtrait peut-être en lisant *l'Esprit des religions*, reprend plus de charme à la seconde lecture, et la troisieme en rend la pensée inséparable. Oh ! quel est cet homme qui va ainsi au fond du cœur arracher la nature, et la mettre fortement en action, qui brise ainsi les fers des préjugés d'un souffle, pour mettre la raison en perspective avec l'esprit ? On touche à la pensée, on en voit la douce impulsion, et l'on palpe la douceur, la grandeur, le bonheur de l'humanité.

O péuples de la terre ! lisez cet ouvrage, et vous serez tous liés par *une fraternité universelle*.

Me DE STAEL. (1775, *Essai sur les Fictions.*) J'ai lu quelques chapitres d'un livre intitulé : *De l'Esprit des Religions*, où tout ce qui peut être découvert de plus ingénieux dans l'apperçu de cette question est développé. Les lettres et la philosophie doivent exiger de son auteur de finir un aussi grand travail, et de le publier.

PRINCIPES DE MINÉRALOGIE, *ou* EXPOSITION SUCCINTE DES CARACTÈRES EXTÉRIEURS DE FOSSILES, d'après les leçons du professeur Werner, augmentées d'additions manuscrites, fournies par cet auteur ; par J. B. Wanberchem-Bertout, chef de la division des Mines, à la Commission des Armes, Poudres et exploitations des Mines ; et Fleury Struve, Professeur d'Histoire naturelle à Lausanne. 1 vol. in-8º. avec fig. 3 liv., port franc par la poste.

Cet ouvrage est très-estimé ; l'accueil qu'il vient de recevoir doit engager ceux qui l'ont publié à tenter de nouveaux succès.

LES FICTIONS MORALES, de Mercier, 3 vol. in-8º., avec le portrait de l'auteur, 12 liv., port franc, par la poste.

L'auteur du Tableau de Paris, de l'An Deux Mille, et de tant d'autres ouvrages, connaît les hommes et les choses ; et toutes les fictions du philosophe sont bientôt des réalités. Mercier a mis pour épigraphe à ses fictions : *La mère en prescrira la lecture à sa fille.* C'est dire en peu de mots et son objet et la manière dont il a voulu le remplir.

Livres d'assortiment.

ABÉCÉDAIRE, contenant, avec la figure des objets les plus communs, et leur nom inscrit au milieu ;

l'histoire naturelle des animaux domestiques ou les plus connus, moralisée et mise à la portée de l'enfance ; par B. E. Manuel, 1 vol. *in-12*, 12 s, et *in-8°*. 1 liv.

On sait quelle idée Bacon attachoit à un *Abécédaire*, celui du citoyen Manuel est digne de le rappeler à certains égards.

Style simple et pur comme l'enfance. Dans l'histoire du Rossignol, les détails les plus intéréssans, toujours à la portée de la plus faible intelligence, rendent cet *Abécédaire* recommandable aux pères, aux mères de famille, à tous ceux qui sentent le prix de l'instruction, de la première instruction. Instruisez les enfans dans de pareils livres élémentaires, si vous ne voulez plus qu'ils soient entraînés dans les erreurs de la superstition et de l'esclavage, si vous desirez des citoyens.

ESSAI sur les moyens d'exciter et d'entretenir l'amour du prochain dans le cœur des jeunes gens destinés à être revêtus de grandes dignités, ou à posséder de grandes richesses. Par Philippe-Jules *Lieber Kühn*, régent à l'école publique de *Neu-Duppin* ; 1 vol. petit in-8°., prix 1 liv. 10 sous, port franc par la poste.

Cet ouvrage, qui a remporté le prix de l'académie des sciences de Padoue, a été traduit avec beaucoup de soin par Jean Weiler.

NOUVELLES LETTRES SUR L'ÉDUCATION, par Jean Weiler, 1785, 1 vol. in-12, prix 2 liv. port franc, par la poste.

Ce petit ouvrage est rempli d'idées utiles qu'on peut rendre plus utiles encore. Il fut écrit avant la révolution et mis à l'index par les censeurs de ce tems-là.

P. S. Nous réservons à d'autres extraits de nouveaux développemens sur d'autres livres de fonds et d'assortiment qui se trouvent dans le catalogue général, et qu'on pourra se procurer en nombre.

CATALOGUE

Des livres de fonds et d'assortiment qui se trouvent au bureau du Cercle Social, rue du Théâtre-Français, n°. 4.

NE pouvant fixer les prix en assignats, pour les ouvrages nouveaux, ni même en numéraire, pour les ouvrages anciens, nous avons donné

Comme indication,

tant pour les ouvrages nouveaux que pour les anciens ouvrages, les prix de 1790, en valeur métallique, et cela pour faciliter nos échanges et notre commerce avec les départemens et les libraires étrangers.

Ceux qui prendront l'édition *entière*, ou un grand nombre d'articles, en assignats au cours, libraires ou instituteurs, auront le port franc et une remise con‑ sidérable.

	liv.	s.
Abrégé élémentaire de l'histoire universelle 2 vol. in-8°., par la Croze et Formey.	4	10
Abrégé de la vie des anciens philosophes, par Fénélon.	2	10
Abregé de l'Histoire de France, par Hénault, 3 vol. in-12, relié.	12	
Adventures of Telemachus, translated by Des‑ maiseaux, 1 vol. in-8°.	5	
Alexis et la Maisonette, par Ducray-Duménil 4 vol. in-18.	4	
Allemagne (de l') et de la maison d'Autriche, par Chaussard, 2e. édition in-8°.	2	10
Allgemeine Welt - Geschicte für Kinder von Joh. M. Shroeck mit Schœnen Kupfer-ta‑ feln, 8 b. in-8°.	100	
Almanach des républicains, pour servir à l'ins‑ *truction publique*, rédigé par Silvain Maré‑ chal, auteur de l'Almanach des honnêtes gens.	10	

D

liv. s̶

Almanach , (the) of Goodman Gerard , trans-
   lated by Oswald. 2 10
Analecta veterum Poetarum , 3 vol in-8°. . .   9
Anciens Danois (les) , ou essais sur leur religion, leurs mœurs et leurs usages , avec une
   carte géographique , par P. H. Mallet , 1 vol.
   in-12. . . . .   1 10
Année françoise ; ou vie des hommes qui ont ho-
   noré la France par leurs talens , leurs services , et sur-tout par leurs vertus , à l'usage de
   la jeunesse , par P. Manuel , 4 vol. in-12. .   10
Anacréon d'Henri - Etienne Lutetiae , grec et
   latin , in-4°.   24
Anacreon Teius , Josuae Barnesii , in-12. . .   6
Annuaire du Cultivateur , 1 vol. in-8°. . . .   2 10
Appel à Michel Montaigne.   10
Artillerie raisonnée , par Leblond , 1 vol. in-8°,
   avec figures.   6
Atlas *ou* Carte générale de l'empire de Russie ,
   13 cartes.   100
Atlas national , petit format oblong.   8
Aux Bataves , par Mirabeau , 1 vol. in-8°. .   4
Auctuarium Halleri , 1 vol. in-4°.   8

Bacon's Works , with engravings , three and
   divers old Pictures of the author , all his
   Works , latin and English , a splendid edit.
   three vol. in-folio. 1000
Bagatellen von Anton - Wall.   7
Bayle , 3 vol. in folio , reliés en veau. . . .   22
Beauties of Shakespeare , 3 vol. reliés en veau ,
   Dodd's Commentaries.   30
Berchtold's Essay to direct Patriotic travellers ,
   2 vol.   24
Bibel (die) von Martin Luther , in-8°. . .   18
Bible de Sacy , 3 vol. reliés.   15
Bible des Septante , grecque et latine , 3 vol.
   in-folio , belle édition.   100
Bible (the English) 1 vol. in-18 , relié en ma-
   roquin , doré sur tranche.   48
Biblia sacra , vulgatæ editionis Antuerpiæ , ex
   officina plantiniana , M. D. CIII , vol. in-
   folio , avec figures.   24

	liv.	s
in-12.	3	
Dictionnaire critique de la langue françoise, par Féraud, 3 vol. in-4°.	130	
Dictionnaire de poche allemand et françois.	6	
Dictionnaire des ponts et chaussées, par H. Exchaquet, 1 vol. in-8°.	6	
Dictionnaire de poche, allemand-français, et français-allemand, 2 vol., format quarré	6	
Dictionnaire allemand et français, français, et allemand, 4 vol. in-4°.	72	
Dictionnaire anglais et allemand, allemand et anglais, 2 vol.	40	
Dictionnaire des synonymes français, 1 vol. in-8°.	7	10
Dictionnaire de Trévoux, 5 vol. in-folio.	50	
Diogenes von Sinope, von Wieland, 1 b.	3	
Discours prononcé par P. Camper, à l'académie de dessin d'Amsterdam, sur le moyen de représenter, d'une manière sûre, les diverses passions qui se manifestent sur le visage ; sur l'étonnante conformité qui existe entre les quadrupèdes, les oiseaux, les poissons et l'homme, et, enfin, sur le beau physique, in-4°. avec fig.	12	
Dissertation sur le feu de Pietra-Mala, in-4°.	2	
Dissertation physique de P. Camper, sur les différences réelles que présentent les traits du visage chez les hommes de différens âges, traduite par Quatremère, in-4°. fig.	12	
Divers traités de Lucien, Xénophon, Platon et Plutarque, publiés par Gail, 1 vol. in-12.	2	
Droits d'ainesse, 1 vol. in-8°.	2	
Droits et devoirs du citoyen, par Mably, 2 vol. in-18.	3	
Droits et devoirs du citoyen, par Mably, 1 vol. in-12.	2	
Ecce Homo, par l'auteur du livre *des Erreurs et de la vérité*.	1	10
Ecole historique et morale du soldat et de l'officier, ou vertus du soldat, par Bérenger, 3 v.	7	10
Eduards Bomstoms (Begebenheiten) 1 vol.	6	

liv. s.

Education des bêtes à laine , 1 vol. 2 10
Elémens de langue angloise , par Siret , . . 1 10
Elémens du commerce par Forbonnais , 2 vol. 8
Elémens de la guerre , 3 vol. in-8º. 18
Elémens de l'histoire de France , de l'histoire
  d'Angleterre , de l'histoire moderne , par
  Millot , 11 vol. in-12. , rel. 33
Elémens de Pharmacie , par Beaumé , 1 vol. in-8º. 6
Entendement humain de Locke , 4 vol. in-12. rel. 16
Entretiens de Phocion , in-12. . . . . . . 1 10
Ephémérides , 6 vol. in-4º. 100
Epitres de Sénèque , extraites de ses ouvrages ,
  par Sablier. 1 10
Esprit des loix , 4 vol. , par Montesquieu. . 8
Esprit de la tactique et des différentes institu-
  tions militaires , ou notes du maréchal de
  Saxe , commentées par Bonneville , 1 vol.
  in-4º. avec figures et planches , ... 30
Esprit du chevalier Folard , 1 vol. 6
Esprit des religions , par N. Bonneville , 2 vol.
  in-8º. , nouvelle édition. 7
Esquisse des progrès de l'esprit humain , par
  Condorcet , 1 vol. in-8º. 4
Essai sur un art de fusion , par Lavoisier ,
  1 vol. 4
Essai analytique sur l'air pur et les différentes
  espèces d'air , par Lamétherie . 2 vol. in-8º. 8
Essai sur l'histoire naturelle des roches de Trapp,
  par Faujas , 1 vol in-12. 2
Essais de géographie sur les possessions des
  Turcs en Europe , 1 vol in-8º. 3
Essai sur une éducation nationale , par Mau-
  bach 1
Essai sur l'histoire de la ci-devant Provence ,
  par Bouche . 2 vol. in-4º. 12
Essai sur l'hygrométrie , par Saussure , in-8º. 5
  et in-4º. 10
Essai sur la manière d'écrire et d'étudier l'his-
  toire , par l'Evêque , 1 vol in-8º. 1 4
Essai sur les illuminés. 3
Essais de Montaigne , avec la vie de l'auteur ,
  extraite de ses propres écrits , 1 vol. in-folio , 24

liv. s.

Histoire de l'Europe moderne, depuis l'irruption des Peuples du Nord , dans l'empire romain , jusqu'à nos jours , par N. Bonneville , 3 vol.   12

Histoire moderne des Chinois , Japonois , Indiens , ect. , pour servir de suite à l'histoire ancienne de Rollin , 18 vol. in-12.   40

Histoire des progrès et de la chûte de la république romaine , par Fergusson , traduite par Meunier , avec cartes, 7 vol.   35

Histoire des progrès de la puissance navale en Angleterre , 2 vol.   5

Histoire des révolutions romaines , par Vertot , 3 vol.   18

Histoire de la rivalité de Carthage et de Rome , par Dammartin , suivie d'une traduction du Caton d'Addisson , 2 vol.   8

Histoire du commerce de la Russie , par J. B. Scherer , 2 vol. in-8°.   8

Histoire naturelle du Jorat et de ses environs , celle des trois lacs de Neuchatel , Morat et Bienne , par Razoumowski , 2 vol. in-8°. fig.   9

Histoire de l'ancienne Rome , 15 vol. in-12.   45

Histoire des conquêtes de Gustave Adolphe , 3 vol. in-8°.   9

Histoire de France sous les cinq premiers Valois, par Lévesque , 4 vol. in-12 rel. . .   12

History of Charles V , by Robertson , 4 vol. in-8°.   24

Histoire des Révolutions de l'empire de Constantinople , par Burigny , 3 vol. rel. . .   9

Homme d'état , par Donato , 2 vol. in-8°. . .   12

Honorine Clarins, histoire américaine , publiée par Nougaret , 2 vol. in-12.   4

Hyppolite , comte de Douglas.   3   15

Icones Plantarum Siriæ variorum Auth. Labillardiere, in-4°. f.   7   4

Iliade d'Homère , traduite par Lebrun , 3 vol. in-8° , fig. , avec le texte grec à côté. . .   18

Institutions physico - mécaniques à l'usage des écoles d'artillerie et du génie de Turin , par Antoni.   10

liv. s.

Instructions sur les teintures, par Perner, in-8º.   4
Insurrections (des), ouvrage philosophique et
politique, sur les rapports des insurrections
avec la liberté et la prospérité des empires,
par Théophile Mandar, 1 vol. in-8º. . .   3

INTRIGUE ÉPISTOLAIRE, par Fabre-d'Églantine,
de l'imprimerie du Cercle Social, rue du Théâtre-
Français, nº. 4., 1 liv. 10 sous, port franc par la
poste.

La veuve de Fabre, au nom de son fils, mineur,
a fait saisir une contrefaçon de cette pièce.

Le plus grand et peut-être le seul encouragement dont
les hommes-de-lettres ont besoin, c'est de mettre sous
la garde des saintes lois les propriétés du génie : propriété sacrée ! Qu'un roi, craigne d'avoir près de son
trône un écrivain indépendant, qui puisse, en vivant de
son travail, à loisir examiner, ré-examiner et proclamer,
avec énergie, les droits des hommes, cela ce conçoit aisément ; il ne doit protéger, comme nos anciens rois,
que des livres soumis à sa censure et qu'il a payés ; mais
qu'il n'y ait pas dans une république, un magistrat spécia-
lement chargé de veiller à la propriété des écrivains, cela
ne se concevrait pas aisément. Toute la république des
lettres doit donc renoncer pour jamais à son indépendance,
à tirer aucun lucre de ses travaux les plus pénibles, ou
se réunir pour livrer à la vindicte des lois, ceux qui
n'ayant payé ni les frais de leurs manuscrits, ni des hommes
instruits, pour apporter à leur publication une correc-
tion difficile, se font encore, en se livrant aux plus
infâmes brigandages, une réputation de vendeurs *bien
accomodans*. Nous reviendrons sur cet article.

Magistrats du peuple, ne permettez pas l'injustice,
si vous ne voulez pas vous-même en éprouver de bien
douloureuses.

Istoria d'Italia (della) di Fr. Guichardini,
4 vol. in-4º.   45
Idler (the), 2 vol. in-8º.   12

Introduction

liv. s.

Introduction à l'Histoire moderne, générale et
politique de l'univers, par Puffendorff,
nouvelle édition, 8 vol. 4º. avec fig., planches, cartes et vignettes, ... 136

Isaïe, latin et français, avec une explication,
1 vol. in-8º. 6

Isocrate, tous ses discours; le mot latin sous le
mot grec, *ad usum studiosae juventutis*,
gros in-8º. 15

Jérusalem délivrée, 2 vol. in-12. . . . 6
Idem, par Mirabaud. 8
Jésuites chassés de la Maçonnerie, 2 vol in-8º. 6
Journal d'Henri IV, par L'étoile, 4 vol. in-8º. 20
Journée de Marathon, ou le triomphe de la
liberté, pièce historique en quatre actes, avec
des chants lyriques, par Guiroult. . . . 1
Junius's letters, rel. 8

Leçons morales de Gellert, 2 vol. in-8º. . . 8
Les douze petits Prophètes, 1 vol. in-8º. . . 6
Lettres J. J. ... art à B. Demuralt, trésorier du
pays de Vaud, sur le droit public de ce pays,
et les évènemens actuels, in-8º. . . . 13
Lettres de J.-A. ... rusé-Latouche, député aux
habitans des campagnes, 4e. édition. . . 1
Lettres et pièces intéressantes pour servir à l'histoire du ministère de Servan, Roland et
Clavière, ... 1
Lettres d Junius, traduites de l'anglois, 2 vol.
in-8º. 4
Lettres originales de Mirabeau, recueillies par
P. Manuel, 4 vol. in-12. 12
Lettres sur l'origine des sciences et sur celle des
peuples de l'Asie, par Bailly, 1 vol. . . 4
Lettres provinciales, par Pascal, in-12. . . 2
Lettres sur la Religion, par Fénélon, 1 vol.
in-12. 3
Lettres sur l'Atlantide, par Bailly. . . . 4
Lexicon manuale græco-latinum. . . . 16
Liberal education by V. Knox, 2 vol. . . 12

E

liv. s.

Nouveau voyage en Espagne, par N. Thierry,
  docteur médecin, ... 7
Nouvel Homme (le), par l'auteur du livre des
  Erreurs et de la Vérité, ... 5
Nouvelle Héloïse (la) 4 vol. 8°. 14
Nouvelles-nouvelles, de Florian, in-18. . . 1 10
Nouveau théâtre allemand, 12 vol. in-8°., les
  2 premiers vol. par Friedel, et les 10 derniers
  par N. Bonneville. . . . .
  *Les collections de ce recueil sont extrême-
  ment rares.*
Novo methodo de Grammatica pelo doutor
  Delarue Lisbao. 6
Numa Pompilius, oder das Blühende Rom,
  aus dem Russischen des herrn von Cheraskoff
  St. Petersburg 24

Observations de Favier sur la maison d'Autri-
  che, et particulièrement sur le fameux traité
  de Versailles, du premier mai 1756, *nouvelle
  édition*, ... 1 10
Observations de Physique et de Médecine, ou le
  nouveau voyage en Espagne, par D. M Thier-
  ry, 2 vol. in-8°. 7
Observations sur l'histoire de France, par
  Mably, 3 vol. in-8°. 9
Oculus opticus, in-4°. 12
Ode di Pindaro, tradotte da Adimari, vol.
  in-4°. rel. en veau, filet écaillé, dor. sur tr. 70
OEuvres choisies de Duboccage. 4 12
OEuvres choisies de Dorat, 3 vol. in-12. . . 6
OEuvres choisies de Lamonnoye, 2 vol. in-4°. 12
OEuvres complettes de Frédéric, 11 vol. . . 28
OEuvres complettes de Montesquieu, 7 v. in-12. 14
  Idem. relié. 21
OEuvres de Montalembert, la fortification per-
  pendiculaire, ou Essai sur plusieurs manières
  de fortifier la ligne droite, le triangle, le
  carré, et tous les polygones, de quelque
  étendue que soient les côtés, donnant à leur
  défense une direction perpendiculaire, 5 vol.
  in-4°. 150

	liv. s

OEuvres de Charles Bonnet , 18 vol. in-8º. 70

OEuvres de Clément Marot , 2 vol. in-18. . . 6

OEuvres complettes d'Helvétius , 5 vol. in-12. rel. 18

OEuvres complettes de Mably , 12 vol. in-8º., édit de Lyon. 110

OEuvres diverses de M. L. Chaulieu, 2 vol. in-8º. 6

OEuvres de Fieret , 4 vol. in 8º. 15

OEuvres de Mengs , 2 vol. in-4º. 20

OEuvres de Riccoboni, 10 vol. in-12. . . . 15

OEuvres morales de Plutarque , traduction d'Amiot , 4 vol. 40

OEuvres philosophiques de Hobbes , 2 vol. in-8º. . rel. 12

Omnou Ilias et veterum in eam scholia , quæ vulgo appellantur Didymi. 1 vol. in-4º. Cantabrigiæ celeberrimæ Academiæ tipographi. — 1689. 36

Opriani poemata , in-4º. , ... 30

Idem papier fin d'Hollande. 60

Paradise Lost , 1 vol. 6

Passions du jeune Werther. 1 10

Pastor Fido , (il) avec gravures , in 8º. . . 18

Petrarca , 1 vol. in 8º. 6

Pharmacopea Argentoratensis, in-fol. Argentorati , 1757. 5

Philosophie chymique de Fourcroy , 1 vol. in-8. 1 10

Phisiologie des corps organisés , 1 vol. in-12. 3

Police dévoilée , par P. Manuel , in-8. . . 10

Poems and Fables . by M. John Dryden , 2 vol. 10

Précis sur la canne , et les moyens d'en extraire le suc , par J. F. Dutrône , 2e. édition in-8º , avec fig. 6

Précis d'opérations de le Blanc , 2 vol. in-8º. 8

Principaux évènemens de la révolution de Paris (les , et notamment la semaine mémorable , par Ducray-du-Ménil, vol. in-8 , avec fig. . 3

Principes de politique, de J. J. Rousseau, 2 vol. in-18. 3

Principes de négociations , par Mably , 2 vol. in-12. 3

liv.   s.

	liv.	s.
Procès-verbaux de l'Assemblée nationale des Allobroges , in-8°.	1	5
Pucelle d'Orléans, in-18.	1	10
Qualités des instituteurs (des).	1	
Recherches sur l'influence de la lumière solaire pour métamorphoser l'air fixe en air pur par la végétation, par J. Sennebier , 1 vol. in 8.	4	
Recherches des principes d'économie politique , par J. Steuart, 5 vol. in-8°.	20	
Recueil des poëtes gascons , contenant les œuvres de Pierre Goudelin de Toulouse.	4	
Réflexions ou sentences et maximes morales de la Rochefoucault, 1 vol in-8°. , papier fin.	3	10
République sans impôts, par L. Lavicomterie , ex-député , 1 vol. in-8°.	3	
Review of the constitution of Great-Britain , by J. Oswald ,	1	10
Ricerche sulla scienza dei Governi , 2 vol. in-12.	2	10
Ruines (les) par Volney , 1 vol. in-8° , rel.	6	
Sagesse (de la) par Charron , 2 vol. in-8°.	7	
Satyres et autres œuvres de Regnier, avec des remarques, Londres, 1729, in-4°. relié.	24	
Sens commun , par Thomas Payne , nouvelle édition , 1 vol.	1	10
Shakespear's works , 9 vol. rel.	36	
Shakespeare en français, 20 vol. in-8°.	80	
Siècle de la raison ou recherches sur la vraie Théologie, et sur la Théologie fabuleuse; par Thomas Payne , traduit de l'Anglois par F. Lanthenas, in-8°. , 1re. et 2e. partie.	3	
Sœmtliche Werke von Kleist.	6	
Soirées de la chaumière, 4 vol. in-18. avec fig.	6	
Sophoclis tragediæ septem , 1 vol. relié en veau	24	
Sorrows of Werther, 2 vol. in-12.	10	
Souterrein ou Matilde (le), par Sophie Lee , 2 vol. in-12. 3 l., 4 vol. in-18.	6	
Sur la loi du divorce et sur le système de l'adoption , par Gabriel-Feydel ,	1	

<table>
<tr><td></td><td>liv.</td><td>s.</td></tr>
</table>

Sur les subsistances, par J. A. Creuzé-Latouche, nouvelle édition, ...   1

Tableau des progrès de la société en Europe, par Stuart, 3 vol. in-8°.   12

Tableau historique des gens de lettres, ou abrégé chronologique de l'histoire de la littérature françoise et de ses révolutions, par Longchamp, 6 vol. in-12.   12

Tableau social, par Gérard, 2 vol. in-12.   3

Tableau de l'Histoire moderne, pour servir de suite à l'Histoire universelle de Bossuet, par Mehégan, 3 vol. in-12. rel.   9

Tacit. Elsevir.   24

Tattler (the) by Isaac Bikerstaff, 4 vol. . .   30

Telephe, 2 vol. in-18. avec fig.   3

Tempelhern-orden von Nicolaï.   9

Temple de la morale, in-18. . . . . . .   1 10

Théâtre de Sophocle, avec des remarques, par Rochefort, 2 vol. in-8.   10

Théâtre de Diderot, 2 vol. in-12.   5

Théâtre de Voltaire, 8 vol. in-12. rel. . .   24

—Idem in-18. rel., dor. s. tr.   30

Théâtre de Sophocle, (en grec) 1 vol. rel. en veau   24

Théorie et pratique des droits de l'homme, par Thomas Payne, traduit de l'Anglois par F. Lanthenas, ...   3

Théorie des loix criminelles, par J. P. Brissot, 4 vol. in-8°.   16

Tom Jones, Geschichte des tom Jones, eines fündlings, von Heinrich Fielding, neu Ubersezt mit Kupfer von Chodowiecki, 4 vol. in-12. .   24

Tragédie grecque (de la) et du nom qu'on devroit lui donner dans notre langue pour s'en faire une juste idée, par A. Auger. in-8°.   1 4

Tragœdiæ Senecæ, cum notis, Th. Farnabii, 1 vol. in-18.   3

Traité de cavalerie, propre à conduire l'homme de guerre, depuis l'état de simple cavalier jusqu'à celui de général d'armée, par Drumond de Melfort, 2 vol. in-fol., fig. . .   80

liv. s.

Traité des maladies des enfans, par Boerhaave,
  commenté par Van-Swieten. 2 10
Traité de la génération des vers, des intestins
  et des vermifuges, par Bloch. 4
Traité de la peste, par Mertens. , ... 1 10
Traité sur les réformations et les aménagemens
  des forêts, par Plinguet, 1 vol. in-8., fig. 4
Traité sur le commerce de la mer noire, par
  Peysonnel, 2 vol. in-8. 6
Traité sur l'Aurore Boréale, 1 vol. in-4°., rel.
  avec fig. 12
Travels over the most interesting parts of the
  Globe, and the Apocalypse of nature, 2 vol.
  Bound 30

Use and abuse of free Masonry, work of the
  greatest utitily to the brethren of the society,
  to mankind in general and to the Ladies in
  particular, by Smith, grand in-8°. 12

Véritable évangile, par Gallet, seconde édition. 1
Vie de Frédéric II, nouvelle édit.. 4 v. in-12. 15
Vie de Guillaume Penn (la), fondateur de la
  Pensilvanie et législateur de l'Amérique, avec
  le code de ses loix, par J. Marcillac, député
  des amis (Quakers) à l'assemblée natio-
  nale, 2 vol. in-8°. 7
Vie du capitaine Thurot, marin célèbre, 1 vol.
  in-8°. 1 10
Virgilii opera, cum animadv. P. Burmanni,
  2 vol. in-8. . . . . l 14
Vita di Raphaeli soprani , 2 vol. in-4. . . . 16
Vocabulaire de nouveaux privatifs françois,
  imités des langues Latine, Italienne, Espa-
  gnole, etc., par C. Pougens, 1 vol. in-8°. 3
Volks Mœrchen der Deutchen , 2 vol. vign. 12
Voyage dans les déserts du Sahara, par Follie,
  contenant la relation de son naufrage et de
  ses avantures pendant son esclavage, et un
  précis exact des mœurs, des usages, ect. . 2
Voyage dans l'Amérique Septentrionale, par
  Chabert, 1 vol. in-4. , ... 12

	liv.	s.
Voyage à Belgrade, in-8.	5	
Voyage (troisième) de Cook, 3 vol. in-8º. fig.	15	
Voyages imaginaires, songes, visions et romans cabalistiques. 36 vol. in-8. fig.	160	
Voyage intéressant pour l'instruction et l'amusement de la jeunesse, imités de Campe, 1 vol. in-12.	2	10
Voyage de Vienne à Belgrade et à Kilianova, 1 vol. in-8.	1	10
Voyage autour du monde, 8 vol. in-8º.	32	
—— Pallas, 5 vol. in-4º, avec fig.	55	
—— Sur le Rhin, jusqu'à Dusseldorf, 2 vol. in-8º. . avec fig.	8	
Voyage d'Anacharsis, 3ᵉ. édit. 7 vol. in-8º. et atlas	42	
Voyage dans les Départemens, par Lavallée, 52 Numéros, chaque Nº.	2	
Walker's dictionary of the english language	24	
William Hayley's poems third edit. in-4º. with engravings, by Bartolozzi.	36	
World (the) three vol. Bound.	30	

Livres élémentaires.

Les Directeurs de l'imprimerie du Cercle Social se chargeront de former la bibliothèque du Père de famille, des instituteurs et des élèves, en proportion d'un prix qu'on y pourra mettre de *confiance*; et d'y comprendre tous les livres *élémentaires* les plus utiles pour se livrer, même sans maîtres, (car on n'en a pas toujours dans les départemens) à des études de tous les genres, histoires, sciences, arts, législation, commerce et même à l'étude solitaire de plusieurs langues vivantes.

Toutes les lettres seront adressées, franches de port, et chargées, au Directeur-général.

De l'Imprimerie du CERCLE SOCIAL, rue du Théâtre François, Nº. 4.